Herostratik

Gesammelte Gedichte

Christoph Sebastian Widdau

Bibliografische Information der Deutschen Nationalbibliothek:
Die Deutsche Nationalbibliothek verzeichnet diese Publikation in
der Deutschen Nationalbibliografie; detaillierte bibliografische
Daten sind im Internet über dnb.dnb.de abrufbar.

Herstellung und Verlag:
BoD – Books on Demand, Norderstedt

ISBN: 9783757812034

Den Gestehenden

Inhalt

Jungfernheide

Ein Auge Gottes nur, Äpfelchen, das stürzt
Allspäher, der saure, im Mückchentanz gewürzt
Mit blankem Stiel, mit Laubblatt, Rotbacke
Stürze, so stürze, stürz' fort – Attacke!
Kehlchen lockt nicht mehr, es stummt der Bracke
Weil Silbenschnitt eilig Giersinnen kürzt

Glastgeistgespiel nur, Lustfederchen, wie wirr
Durchschwingt den Raum, stöhnt Wortgeklirr
Zu scheiden die Brust und die Schenkel vom Kiel
So falle, falle, so fall' doch – Spiel'!
Ein Lied, fruchtvergessen, mit Ohnglücksziel
Stummt der Schneidende an mit Klanggeschirr

Liedchen auf Bruchlippen

Mit wem du gehst, die Schneise querst
Bedingt das Wohl der Stund'
Bedingt – vielleicht – der Stunden Wohl
Bedingt, gestückt, der Armut Schwund

Mit wem du brichst, die Sätze teilst
Bedingt den Sinn des Sprechens
Bedingt – vielleicht – die Einsicht gar
Bedingt, zum Teil, die Art des Brechens

Mit wem du kost, das Nahen lernst
Bedingt etwas – ich weiß nicht was
Bedingt – vielleicht – die Farbwahl, Tonsucht
Bedingt, allein, gar nichts – und das

Den Leib zu beruhigen ein Tupfen

Den Leib zu beruhigen ein Tupfen
Tropfen an Schenkel und Stirn zu trocknen
Rinnsal deiner Schreie und Furcht
Gegen die Windungen des Zerfalls
Aber das Laken auszubreiten
Und die Empfängnis zu entfalten:
Dies nur in meinem Schweiß
Der sich stauenden Zeit

Herostratik

Herostratik, Sehnsuchtsstatik
Bilderbogen, Winkelzüge
Fundament und Schwebebahn
Bilderwogen, Winkelschübe
Säulen auf des Tores Kahn

Wo sich das Wasser staut

Wo sich das Wasser staut
Strahlten deine Schenkel
Legte ich mit meinen Lippen frei
Was verborgen blieb
Und verborgen bleiben sollte
Als der Schwarm aufstieg und sang
Sahst du mich nicht
Nur eine Ahnung der Quelle
An deiner Fingerspitze

Birnen und Früchte

Birnen und Früchte
Im Korb, der dich trägt
Im geflochtenen Korb
Im abgeliebten Korb
Den wir auf dem Dachboden hielten
Oder im Keller
Den wir dort hielten oder dort
Aber nicht bei uns

Ziemen und kleinern

Ziemen und kleinern
An deinem Gespiel
Bricht sich der Fluchtpunkt
In deinem Gefühl

Schlägst mit den Flügeln
Wild um dich her
Um dich zu besorgen
An meinem Verzehr

Um dir zu entsagen
Rankst du dich bang
Um dich zu entschlagen
Erstirbt dein Gesang

An Schnüren und Gurten
Machst du dich fest
Sich zu ziemen und kleinern
An meinem Geäst

Allee, beschirme mich

Allee, beschirme mich
Und schlage den Laubfittich

Und schlage deine Steine
Am Weg entlang und Weine

Ranken sich um Häuserbilder
Auf und nieder, Straßenschilder

Führen fort und führen hin
Stolpermeter mittendrin

Sonnenlicht durch manche Äste
Kauernd, wartend, Essensreste

Liest du auf und strauchelst fort
Aufschwinge dann, ein anderer Ort

Biegt sich in Gedanken ein
Keine Lichtung darf es sein

Denn keimen lässt der Flügelschlag
Was das Licht in mir verbarg

Ein offenes Buch

Ein offenes Buch
Liegt vor uns auf dem Sekretär
Diese und jene Zeile
Wird von mir berührt
Auf dieses und jenes Wort
Suche ich deinen Blick zu führen
Mit diesem und jenem Satz
Rufe ich zeigend auf
Was hätte binden können
Doch fremd ist dir der Satz
Doch fremd ist dir das Wort
Doch fremd ist dir die Zeile
Ob Knick oder Lesezeichen
Deine Schulter zuckt
Und so
Schreibe nur ich
Einen Laut hinzu

Winterwanderung

Winterwanderung
Auf Vaters Schlitten
Den Hügelzug
Mit der Kugel aus Schnee
Auf den Kopf gereckt
Enten in Eisschnellen
Stoß Weiß vom Astgewirr
Unter Vaters Stiefeln
In seinem Hauch
Den ich nicht kannte
Auf dem Abbild
Des Seinbeginns
Lege ich dich
Und uns
An den Abhang, Vater

Am Fluss knietest du nieder

Am Fluss knietest du nieder
Und ludst mich in ihn ein
Mit dir Wasser zu wärmen
Geschlage, Bein um Bein

Du richtetest deine Kräfte
An seinen Wellen aus
Und ließt dich von mir treiben
Ans Ufer ohne Haus

Mischwald

Mischwald
Strumpf dich ein
Strumpf dich aus
Und bedecke mich
Tropfe
Wenn dein Gehölz es erlaubt
Und streiche mich
Mit dem Federkiel
Vom Wege und
Betone zärtlich
Mit Pfiff und Gesang
Wo ich nicht hingehöre
Während ich mich
In dir kleide

Nut und Feder

Nut und Feder, Schiebekräfte
Ausschlagchaos in den Balken
Härten hielten in den Walken
Münder schoben Drüsensäfte

Nut und Feder, Probebohrung
Donnerschläge in Pupillen
Stromdurchschossenes in Rillen
Stimmenleih zur Auserkorung

Nut und Feder, Bretterfugen
Durchschlagdokumentenmappen
Ausstrich auf durchsuppten Pappen
Menschennamen sich austrugen

Das Elend des Schusters

Das Elend des Schusters
Bleichgerieben im Rahmen des Durchgangs
Schmiegt er sich an die Sohle
Die feine im Licht
Umspielt den Senkel
Und zieht
Vergibt die Crème
Und zieht
Überträgt sein Werk
An Schwielen

Dass du damit gehen kannst, ruft er
Wem milde hinterher, fast zart in einen Wind
Sodass sich der erste Schaden einprägt
In dem feuchten Asphalt
Und zieht

Armer schwarzer Kater

Armer schwarzer Kater
Schnitzt das Holz am Wehr
Gräbst um das Laub und Werk
Wenn der Topf aber nun ein Loch
Mantelst dich um mit Gestrüpp
Wendest um die Steine im Fluss
So schlägt um dich der Mond
Der aufgegangen
Der Wolf und die sieben
Sense, Sensenmann und Puffbahn

Blütenschlag

Blütenschlag
Gerafft in der Lupe der Zeit
Heimlich im Geschoss des Daches
Nahm ich mir eine Zunge von dir
Schmeckte ein und schmeckte aus
Umstrich mich mit dem Messer
Schnitzritzte ins Gebälk
Bis die Blüte ausschlug
Und sacht sank auf den Boden
Des Geschosses im Keller
Den nun du begehst
Mit der Blüte
An deiner Ferse

Die Schippen

Die Schippen
Auf den Schultern
Stiegen wir hinab zu dir
Mit Stiefeln und Schürzen
Mit dem Projektor an der Leine
Warfen wir Licht

Bandagierten uns
Im Zahnfleischblut
Suppte dann ein Wort
Getösespeicher

Schlichen wir hinauf zu dir
Und schossen das Bild
Das belichtete Bild
Für den Spind
In dem wir die Schippen verstauen

Der Dom, erstickt im Nebel

Der Dom, erstickt im Nebel
Zeitsperre, Eiszeitplatz
Ein Hauch in reinen Zweigen
Steinerner Menschenschatz

Reckt sich bis zum Tastpunkt hoch
Im Schwindel engt ein Schal
Du streichelst Treppenstufen
Und träumst unter dem Mal

Und balgst dich mit dem Kerzenlicht
Figuren gaffen bang
Es hallt in tödlich Sehnsucht
Ein Bruch im Klanggesang

Zur Mühle, Pflaume, Birne

Zur Mühle, Pflaume, Birne
Glasperlenspiegeldirne
Schlägst dich, Arachne, aus im Fass
Und spinnst dich durch die Kehlen
Gekonnt in brüchig Seelen
Reift insgeheim der Hass

Zur Mühle, Pflaume, Dirne
Rundgabendeckenstirne
Schlagt ihr, fühllos, faustend nieder
Singt schräglauthals falsche Lieder
Den, der uns ersucht um Firne
Zur Mühle, Pflaume, Birne

Die Mangel

Die Mangel
Aus der ich dich nehme
Um dich zu retten
Und dann zu beziehen
Auf meinem Bett

Gelöst

Gelöst
Die Sonntagsgartenschlachtung

Durchsuppt
Aus dem Kaninchenstall

Eingefaltet
Die geblümte Schürze der Omama

Bedrängt
Die glatte Zeugenstirn an der Holzhütte

Weht
Der Organgestank am Weiher

Steht
Der Blutgeruch im Taubenflur

Steckt
In dem brüchigen Gerüst abgefallener Knochen

Auf denen du gründest

In der Empfangshalle einer Absteige

In der Empfangshalle einer Absteige
Die es nicht gibt
Nehme ich dich auf
Auch ohne Heller und Knöpfe in Taschen

Lade dich ein
Und schmecke dich ab, Geschmackloses
Und messe dich, Maßloses
Weise dir einen silbernen Schlüssel zu
Für einen möblierten Raum
Den es nicht gibt

So sitzen wir einander gegenüber
Oder hocken auf etwas
Du und ich
Die es gibt

In dieser Absteige, in diesem Raum
Von einem Weg aus
Von einem Dorf A über eine Stadt B
Empfangen wir einander
Absichtslos

Der Kuss hebt auf im Augenschluss

Der Kuss hebt auf im Augenschluss
Die Grenzen fein verschwimmen
Der Kuss ergießt im Augenfluss
Die Gluten, die verglimmen

Der Kuss bleibt ohne Augenschuss
Die Nahsucht, sie zwingt nieder
Der Kuss hebt auf den Augenschluss
Die Trennung souffliert Lieder

Die Lippentrennung, Wort um Wort
Bestimmt das Lakensehnen
Dass aufhebt sich der Kuss als Kuss
Ist nichts als Grund für Tränen

Offenbarung

Offenbarung
Im Schoß des Wehrs
Auch der Zug fährt
Irgendwo bimmelt es
So die Nuss fällt
Zwischen den Lüften
Und zerschellt
Inmitten des Wortes
Das bestimmt war
Für den Monolog
Zwischen dir und
Zwischen den Lüften

Soldbuch zugleich Personalausweis

Soldbuch zugleich Personalausweis
Die Nummer für den Grenadier
Zum Feldheer abgesandt von
Strich eingegraben im Papier

Kragenbinde Schlupfjacke Kopfschützer
Feldmütze Feldbluse Tuchhose
Sockenlappen Schnürschuhe Leibbinde
Seiten brechen Seiten lose

Stahlhelm Fettbüchse Signalpfeife
Klapphacke Spaten Klauenbeil
Drahtschere Gasmaske Maskenbrille
Verheizt Josef mit Seifenkeil

Beurlaubungen über fünf Tage
Als Schüsse Feuer Augen Boten
Sorgsame Aufbewahrung liegt im Interesse
Des auf dem Feld verstreuten Toten

Firnis

Firnis
Sodass ich nicht erblicke
Wer du
Gewesen sein wirst

In meinen Strichen
Und meinen Färbungen
Warst du
Nichts als mein Wesen

Firnissend
Umspielst du dein Abbild
Bist du
Bildlos, mein Glanz

Brachland

Brachland
Sind die Kuppen meiner Finger

In den erntelosen Stunden
Die in meinem Augenschein verstreichen

Der keinen Durchlass findet
In deinen Grund

Unhintergehbares

Unhintergehbares
Im Kreislauf
Im Rundweg, auch

Als verlangendes Ersuchen
Als hoffnungsloses Balzen
Um dieses oder jenes Wort

Bis die Schrittfolge endet
Bis der Tanz sich erschöpft
In einem Phon

Vom Altar aus, greinend

Vom Altar aus, greinend
Winkst du der Schleiereule zu
Um dann den Zahn
Auf der steinernen Platte abzulegen
Neben Hostie und Weinkelch

Auf Ellenbogen wangengestützt
Funkelst du das Verlegte an
Um es brechen zu sehen
Und siehst nicht die Trachtende
Die zwischen Bleiruten lugt

Sich vom Kreuze herabspinnend
Bricht das Nonnenkleid hervor
Während du Messopfer feierst
Zur Entweihung des Bisses
Am knochenschweren Opfertisch

Blickwechsel in der Wandelhalle

Blickwechsel in der Wandelhalle
Das Wort erlosch am Tresen
Gemälde hingen, spiegelgleich
Als wär' es Glas gewesen

Schirme tanzten, Bein um Bein
Tabletts bugsierten Flaschen
Programme priesen, wunschgerecht
Mit kultivierten Maschen

Der Leiter lud gewandt zum Tanz
Sodass Applaus ertönte
Der Dramaturg stand starr am Rand
Woran er sich gewöhnte

Zum Ausgang strömten Gäste dann
An Tischen lud das Mahl
Die Spieler gaben so ihr Stück
Im unbesetzten Saal

Torfstichmärchen

Torfstecherin, Sehnsuchtsschergin
Stachst aus dem Moor
Ein verschwiegenes Herz
Das auf dem Spatenblatt zappelt
Wie ein scheidender Fisch

Weil du Märchen kennst, Arbeiterin
Schaufelst du es in den Feuchtboden
Das hauchelende Herz
Stichst andernorts fort mit Schwielen
Im Schweigen des Moors

Staubacker

Staubacker, fruchtlos ist
Ohne Schlag das Bleibende

Der nicht bestellte Boden
Den man Substanz hieß
Dessen Lage man vergaß
Dem das Licht fehlte und

Unter der rostenden Silbensichel
Bloß der Rasierstaub, meine Liebe
Ohne verfangene Früchte
Die wir sammeln und kosten könnten

Der nicht bestellte Boden ist es
Dessen Forderung ich verlor
An dich

Die Prüfung

Schreibe mir, wieso du
Und ich, Träumer

Mit der Kreide, weiß und bunt
Auf den Brückenasphalt

Lass den Schirm sausen
Und entrinne nicht im Guss

Hebe mich mit deinem Wort
Sodass ich erahne, warum du träumst

Denn aus deinem Kummerblick
Entnehme ich rein nichts

In der fremden Sprache deines Gemüts
Bleibt es mir nichts als Strichfolge

Was du auf den nassen Asphalt bringst
Um mich zu erreichen

Mit geborgtem Wort

Wenn wir einander begegnen
Mit geborgtem Wort
Dann verschenken wir uns
An eine Welt ohne uns

Niagara

Im Getöse des Falls, Bruchstück
Presst sich, unmerklich
Gedachtes einer Existenz
Die sich an eine Kiste vergibt
Im vernagelten Schlusspunkt

Auf der Suche nach Nägeln
Und Hölzern, man weiß nie
Treibt etwas in einem Wellengang
Der objektivlos donnert
In dem blicklosen Suchen, Gefährte

Mein Niklas

Wenn der junge Luhmannexeget
Mit der alten Luhmanninterpretin
Über die Luhmannrezension
Des blonden Luhmannkritikers spricht
Der keine Ahnung von dem hat
Was der alte Luhmann gedacht hätte
Über das, was der junge Luhmann dachte
Dann ist Zettelwirtschaft, mein Niklas

An der Schneise, Liebes

Hergerichtet, Gestelltes, Lichtbann
In dem sich, Fernglas, Schritte kreuzen
Deine und meine, Erdpflaster, unbesohlt
Hebst du, Messwunder, Finger
Um zu tasten, Windgang

Herrgott, Gerufenes, Lichtschmerz
In dem sich, Pupille, Blicke kreuzen
Deine und meine, Erdbahnen, ungekehrt
Hebst du, Gefühlswunder, Schenkel
Um dich zu schlagen, Büsche

Nyx

Unter deinem Kleid
Erwache ich, Nyx

Um mir dein Ei zu kochen
Drei Minuten lang

In dem neuen Kochtopf, ja Mutter
Dann bestelle ich etwas, einen Löffel

Es regnet auch, mein lieber Mann
Und was sagtest du

Bauchschmerzen, nichts bleibt einem
Doch das macht nichts

Denn gleich, Erotik auch
Lege ich mich wieder hin

Kellertreppenstufen

Unter dem Spinnwebengewirr
Treffen wir uns, um Birnen zu testen
Fotoalben auszutauschen
Leitungen zu sichten
Und die Kühle zu preisen

Die von den Stufen schwingt
Aus den Wänden springt
Aus dem Silbenschall singt
Aus dem Tropfenhahn klingt

Klickklackabsatztack von oben
Oder unten, von der Mitte aus
Umspielen wir erinnernd Gänge
Einander durchschreitend
Auf oder ab, die Stufen zu fegen

Mein Katzenfratz

Mein Kätzchen trinkt sein Schälchen leer
Und schwebt auf seinen Ballen
Mein Kätzchen setzt sich auch zur Wehr
Mit ausgestreckten Krallen

Mein Kätzchen schnurrt, ach, nächtelang
Und schlägt das Schwänzchen nieder
Mein Kätzchen maunzt im hohen Klang
Die Katzenjammerlieder

Mein Kätzchen harrt an jeder Tür
Und tastet meine Sünde
Mein Kätzchen kennt meine Gebühr
Des Halters schlimme Gründe

Mein Kätzchen schmiegt sich listig an
Und lässt mich Preise spüren
Mit seinem Schuldnerblick als Bann
Lass ich mich von ihm führen

Der Feldweg

Auf dem schmalen Feldweg
Zwischen der Unterkunft, im
Bretterverschlagchaos
Und dem Knipp, mit seinen
Belaubten Zahnstochern
Im Wolkengetöse, wenn
Die Winde wechseln

Errichte ich einen Speicher
Grabend und wühlend
Ein Erdreich für dich, Schönes
Und male mit buntem Hölzchen
Dich Wesen, im Zettelbann
Damit du spielen kannst, mit
Den Würmern und Würfen

Damit du wachsen kannst
Mit den Wurzeln, Zwischenraum
Ein Erdreich für mich
Zu errichten, Traumstück
Und kratzt mit grauem Stein
Mich Wesen, im Rindenlauf
Damit ich bespielen kann, mich
Auf dem Nagelbett

Die Liste

Wasserzugang, durchweg, und Wasser
Beeren, Nüsse und Weizen
Erntefreundlicher Boden, gewiss
Roggen, eine Feuerstelle, Holz
Selbstfüllender Obstkorb
Laublaken oder Felle, nach Belieben
Selbstgeschwungene Angelruten
Köder, der Werkzeugkasten
Photoapparat mit Filmen
Gläser und Schalen
Deine Leinwände, Schöne, Pinsel
Diese Klebestreifen, du weißt
Papier und Stift wie Milch und Honig
Und all das, was wir brauchen
Um nutzbar zu machen, was ich listete
Genau dann lass uns fliehen
Als Naturwunder

Leuchtfeuerwärter

Deines Brennens, Wärter
Bedürfen wir
Nicht hier am Tresen
Und nicht am Stock
Sondern an deinem Turm

Deines Feuerns, Wärter
Bedürfen wir
Da die Station streikt
Und nichts mehr wacht
Über deinen Turm

Deiner Kenntnis, Wärter
Bedürfen wir
Weil alles sinkt, Untiefe
Und nichts mehr weist
An den verkabelten Türmen

Hinter dem Paravent

Hinter dem Paravent
Über und unter der Stange
Winde ich mich, Gott
Um zu spinksen

Um hinter der Wand
Die ich leichthin rücken kann
Ins Linke und ins Rechte
Den Samen zu verfolgen
Den du in das Laminat pflanzt

Lächeln wir einander an
Blaumann, du und ich
Über und unter der Stange
Wenn du mich erblickst, Gott
Um zu spinksen

Kunststück, Sensenmann

Anstandsbesuch, Sensenmann
Das Glas, darf ich es leeren?
Ein Kunststück ist es, das ich kann
Darf ich es dir verehren?

Am Lampenschirm, siehst du ihn dort
Den Zettel mit den Strichen?
Auf dem Papier steht nicht ein Wort
Nur Linien, nicht verblichen

Bilde dir ein, mein lieber Freund
Die Striche an den Wänden
Wenn ich genug umhergestreunt
Dann wird das Licht verenden

Dann wird genug sein, hier und jetzt
Was wir nur zu gut kennen
Dann wird das Flaschengut zuletzt
Durch meine Kehle rennen

Mein werter Gast, das Kunststück ist
Dass ich dich necken kann
Dass du nicht immer schlagend bist
Bin ich dein Sensenmann

Scheiding

Laublichtspiel, Septemberkehre
Wunschgestalter, Waldschlafs Schwere
Nistet sich im Traumbild ein
Schleppt sich knisternd, Bein um Bein
Blick empor, der Äste Leere

Septemberkehre, Laublichtspiel
Begehrtes aus Gezweig sacht fiel
Nistest dich im Traumbild ein
Laubdurchblätternd, Abbild dein
Blick empor, des Drangs Exil

Feldfruchtsehnen

Dann bette dich, Schmiegsuchende
In Halmgemenge, das ich schlug
In Ohnmachtskraft, für dich

Schlug, weil
Zwischen den Traumschwaden
Dein Wunsch nicht geerntet wird

Schlug, weil
Das Feldfruchtsehnen
Dich windfangend am Weg belässt

Schlug, weil
Ich dir nicht der sein kann
Den du Erntehelfer taufst

Laub, Läsion und Licht

Laub, Läsion und Licht, mein Gast
In deiner letzten Stunde
Der Mond sich durch die Wolken bricht
Dein Wort in seinem Munde

Licht, Läsion und Laub, mein Freund
In deiner Todeskunde
Die Eule blickt dich garstig an
Spinkst auf die Krisenwunde

Läsionlaublicht, mein lieber Wer
In deinem Herzblutgrunde
Der Schnee wird fluten dein Gesicht
Und ihr Antlitz im Bunde

Feuerfang

Einlassende mit den entglühten Wangen
Im Gestöhne getakteter Laken
Entschlugst du dich der Feuersbrunst
Am wundgeschnitzten Sekretär

Mit dem Lineal ein Strich durchzogen
In einer Tageskladde, die du tauschtest
Gegen die Tagesstrazze, in der fehlt
Ein Name zwischen Soll und Haben

Des Geheimschreibers Feuerfang
Dem du entkamst und nicht entgingst
Einlassende mit den entglühten Wangen
Mit dem Streichholz Striche ziehend

Schicksal

Begleiterin bist du mir
Wie Gedanken selbst

An der Rue de la
An Halbinselkiefern
An dem Ampelgewirr
An dem verwunschenen Spiegelschrank
Als morgendlicher Ruf
Und im Waldbrandschaum

Während ich dir
Nicht einmal dadurch Gast werde
Dass du mich einlädst

Bastelstunde

Pappenwunder an meinen Fingerspitzen
Das ich drehe und wende, bis der Kleber
Zusammenstückt, was dies und jenes war
Und jenes und dies werde

Mit dem Papierfetzen an der einen
Der Muschel an der anderen Kante
Der Strickweste, die ich ihm nähte
Gelingt ein wirres Stück

Bevor ich lichtdimmend und
Den Raum verlassend und
Süße Träume wünschend, tränennass
Einen lösenden Namen spende

Ochsenblut und Ocker

In der zweiten Nacht deines Todes
Schlafe ich in deiner Kammer
Unter dem Wandgemälde
Das aus deinen Fingern goss
Ochsenblut und Ocker

Ohne Gedenken der Traumguss
Der meine Nachtruhe rahmt
Bis die Tür knarrt, Windstoß
Ochsenblut und Ocker
Zum dritten Tage deines Todes

So zähle ich
Ochsenblut und Ocker
Denn solange ich zähle
Gedenke ich nicht

Die Überführung

Die Überführung seiner Gebeine
Schaue dir nur einmal
Über das schaukelnde Meer
All die Massen und Lettern
Auch der Präsident grüßt
Wurde erhoben zum Fest

Der Seetransport einer Kostbarkeit
Ein museales Ereignis, Schatz
Auf diesem Breitengrad
All die Absperrbänder und Ballons
Schreiende Söhne und Töchter
Für eine Sammlung Knochen

Hornung

Bastardwerdung, Silbenmischling
Reinige dich, schlachtend, Frischling
Leibesmutter, Leibesvater
Knotenkopf am Zangenkrater
Endpunkt bildend, Anfangsschmerz
Verpocht des Abliebenden Herz

Kiefernwäldchen

Des Knopflochs blühender Nagel
Mit dem ich dich kratze, Liebes
Ganz und gar, an der Beuge
Gezogen aus dem Staubmantel
Den wir teilten, den Stoff
Als wir noch wussten

Der Kiefer spitzblutende Nadel
Mit der du mich stichst, Liebes
Ganz und gar, an der Ferse
Gezogen aus dem Gehölz
Dem wir dienten, ein Stück
Als wir noch wussten

Liebes, uns trommelt der Specht
Wolkenflug im Laubgeraschel
Ganz und gar, an den Muscheln
Gezogen aus einem Boden
Den wir beschreiten, ein Sinken
Irgendwoher

Am Nonnendamm

Am Nonnendamm, am Nonnendamm
Dort branden Ströme, Nerven, dann
Erschallt ein Laut am Strömungskamm
Ergießt sich Flut, das Opferlamm
Und Opferlamm, im Schöpfungsbann
Die Fleckentracht versinkt, der Schlamm
Wo Gott sich auf den Bruch besann
Am Nonnendamm, am Nonnendamm

Geliebtes Dünenspiel

Taktend wirft der Turm sein Licht
Auf finstre Wellenschläge
An Dünensträuchern es dann bricht
Am Sandeswuchsgepräge

Kuhle, Schenkel, Fingerspiel
Der Brandung Kraft in Brüchen
Ein Laut strömt taktlos in den Priel
Erschallt aus lichten Büschen

Im Abenteuer

Wir sind im Abenteuer
Zwischen Schlammseehalmen
In Meterlänge, Süßgraswirrsal
Unter dem Indianerkopf
Im Abenteuer, wir sind

Schlamm und Geruchsfetzen
Wanderschuhe und Weidenkätzchen
Blickbrüche und Schwaden
Lesebaum und Laubrutschhöhle
Schächte und Gehörsplitter

Nur, dass der blaue See
Blau nicht mehr ist, vor dem Tal
Sind im Abenteuer, wir

Taubentreu

Wildgeschnäbel, Taubentreu
Auf Hinterhausbaumzweigen
Vom Kätzchen nur ein Sehnsuchtsblick
Zu euch kann es nicht steigen

Zu dir ja nicht, du Täubin
Und nicht zu dir, du Täuber
Vom Kätzchen nur ein starrer Blick
Von diesem kleinen Räuber

Ihr fliegt in Runde, immerzu
Als Luftspielpaar, gemeinsam
Das Kätzchen hoch, zu euch aufblickt
Gar neidisch, stumm und einsam

Endstück

Knust
Den ich finde
Im Korb
Gerissenes
Am Mittag
Nach deiner
Endstück
Nach meiner
Knust

Inschrift

Blätterbuhlen
Stammesfrieden
Spitzengold und
Blütensieden

Gewölbenwinde
Opferstock
Grabenöffnung
Spitzenrock

Totenlinien
Backsteinblüte
Liebestraum und
Sehnsuchtsgüte

Toresknarren
Glockenschlag
Blätterbündel
Abschiedstag

Frevel und Andacht

Brennendes Gebetsknie, das Fleisch trägt
Das Leib hält, damit du nie vergisst
Was meine Liebe tut

Blutkelch und Bittgesang, im Nachhall
Des Kerzenschimmers, in dir zu atmen
Um Heiliges zu denken

Zu deiner Rechten sitzend, Gepriesene
Die Streichelkehle, wer in dir bleibt
Und in wem du bleibst

Nimm und trinke daraus, Lippen und Scham
Die Doppelbeuge, zu scheiden mich
Nimmer von dir

Zum Klang der Violine

Fiedel, fiedel, karger Tod
Auf deiner letzten Saite
Den Pinsel halt' ich ohne Not
Auch wenn dein garstig' Spiel mir droht
Lausch' ich dir zum Geleite

Schmiege, schmieg' dich, kalter Tod
Hauchlos an meinen Rücken
Die Farben misch' ich ohne Not
Dir Obhut geben: mein Gebot
Bin ich's, um dich zu schmücken

Werd' ich, werd' ich, klammer Tod
Zum Klang der Violine
Das Bildnis schaffen ohne Not
Verzichtend fast auf Blut und Rot
Mit schicksalsstarrer Miene

zu: Arnold Böcklin
SELBSTBILDNIS MIT FIEDELNDEM TOD (1872)

La Vérité sortant du puits

Grimm, der entgegenschnellt
Aus zertrauerten Augen, die du
Aufschlägst im Licht

Aufschlugst in Dunkelheit
Um die Meter zu nehmen, die du
Dem Stein abtrotztest

Um aus deiner reinen Brust
Den Schrei auszustoßen, der nicht
Im Brunnen endet

Schöne, schlage mich nieder
Mit einem Peitschenhieb, der mich
Züchtigt und zähmt

Grimm, der ganz und gar zwinge
Schenkel zu vergessen, die mich
Versenken im Quellstein

zu: Jean-Léon Gérôme
LA VÉRITÉ SORTANT DU PUITS ARMÉE DE SON
MARTINET POUR CHÂTIER L'HUMANITÉ (1896)

Selbstportrait

Ein Wort ist es nicht, das dir
Kommt über die Lippen
Nicht einmal eine Silbe, die dir
Entfährt, unter uns Tauben
Kein Laut und kein Zug
Des Atmens, mein Geist

Der Stoff ist es nicht, der dich
Wärmt am Leib und schützt
Nicht einmal Grenze ist, da er
Dich birgt, unter uns Blinden
Zeigt, zeichnet und doch
Blickrand bleibt, mein Geist

Mein Geist, in deinem Angesicht
Des Seins und des Nichtseins
Verharre ich, gedrängt
Dir zu entsprechen und nichts als
Zu loben, die Unentschiedenheit
Unter uns Stummen

zu: Ellen Thesleff
OMAKUVA (1895)

75

Begehr der Muse

Der Klang des Blicks, sirenengleich
Die Strophen dir zu schmieden
Der Lyradrang im Wellenrausch
Die Himmelswut zu frieden

Das Kleid zu fluten, tränenreich
Den Vers an dir zu stählen
Dem Lippengluten Bote sein
Die Süchte zu vermählen

Der Wille brandet, wogenweich
Das Wort für dich zu finden
Die Silbe sandet, Ebbeflut
Erstirbt in allen Winden

zu: Hans Unger
DIE MUSE (1897)

Die Wanderin

Auf dem schmalen Weg, der
Kein Weg ist, ein Streifen
In der Ferne schon, tastend
Ausweichen in Sträuchern
Lang noch nicht, nahend
Spechtschlag, Windgang
Wogenahnung, Beerenrot
Des Eichkätzchens Sprung
Auf dem Weg, dem schmalen
Den du öffnest, Grenzgang
Ausweichend in Sträuchern
Streifend, in der Nähe
Nichtssagend, kein Weg
Wo auch immer – Adieu

Gezweiggewirr

Zwischen Stämmen und Gräsern
Gezweiggewirr, frische Gabe
Des spaltenden Sturms

Schmücke ich ab, die Fortsätze
Schnitze ich zu, die Hölzer
Taufe und weihe ich, das Gedächtnis

Um dein Bild zu rahmen
An einer Stelle des Waldes
Zwischen Nichtsein und Sein

Mein Lieb, Nachtmahr

So hasche mich, nimm' mich, Nachtmahr
Pack' zu mit Hakenhänden
Dass aus mein Traum ist, greife zu
Ihr Bild mir zu entwenden

So krall' dich in mein Fleisch, Nachtmahr
Dem Dunkel Blut zu spenden
Das sonst, im Finstern, in mir kreist
Auch nicht in mir will enden

So enge meine Brust, Nachtmahr
Um meinen Geist zu wenden
Der sonst, im Finstern, mich betrügt
Ans Nichts mein Herz zu senden

So tilge meine Lust, Nachtmahr
Die Sehnsucht zu beenden
Die sonst, im Finstern, mich erfasst
Mich noch im Licht zu blenden

Mein Lieb, Nachtmahr, werd' du mein Lieb
Führ' fort zu Schreckensbränden
Dass sie nicht lockt als Traumgespinst
An eisstarr' finst'ren Wänden

Rosenköpfen

Stachelstrauch im Eingangstor
Umrankt das Holz, das lose
Im Lufthauch wankt
Im Winde schwankt
Nun tos' doch endlich! Tose!

Stachelstrauch, des Sinnens Saum
Vergeud' die Blüt', werd' lose!
Einst eingepflanzt
Im Messer tanzt
Das Blut der Schweigerose

Der Karren

Ein Zieh'n, ein Zerr'n, ein Lösen ist's
Um jedes Millimeterstück
Doch dann schnellt heftig er zurück
Der bockend' hölzern Karren

Ein Spannen, Treiben, Wuchten ist's
Im fordernd' Staublaubboden
Und so schnellt heftig er zurück
Sein Holzwerk nicht zu roden

Ein Stöhnen, Seufzen, Klagen ist's
Gefährte zu bewegen
Die sich in Starre legen
Im Fluchtpunkt ohne Flucht

Dein Haar durchbricht Gezweig

Dein Haar durchbricht Gezweig, im Hauch
Des abendkündend' Stromes
Des Holzes Hebung, Brust und Bauch
Der Fingerkuppen Tastluststrauch
Im Hain, der lockt ins Dunkel

Dein Mund bespricht das Laub, im Rausch
Des knisternd' Blättertanzes
Dein Schoß und dieser See im Tausch
Dein Flüstern, dem im Stein ich lausch'
Im Hain, den du begeisterst

Dorfweise

Und unser'n kranken Nachbarn auch
Verschon' ihn, endlich, Wirrnis
Mit Strafen, Gaben, Hieb und Schmiss
Lass sacht ihn weh'n im Rauch

Der aufgegang'ne Mond, er fleht
Die Stern' in Schwärze ragen
Mit Leiden, Gram und Klagen
Die Wolk' im Nichts vergeht

Und unser kranker Nachbar auch
Vergeht im kalten Abendhauch
Lass Dämm'rung seine Hülle sein
Zu enden Wehklang und Gewein'

Durch meine Finger

Durch meine Finger, nass, sacht, warm
Schlieft deine Wäsch', am Schmiegearm
Bleibt sie kurz, sehnend, haften
Der Stoff, den wir einst rafften
Mit angemess'ner Scham

Tastentsinnend, schauernd, sacht
Wird ewig deine Wäsch' entfacht
Die mir der Schrank noch ließ
Die einst ich, lodernd, von dir wies
Als du sie mir gebracht

Der Born

Born im Gartenvorspiel
Kein' Wahrheit dir entsteigt
Der Dornen sind's zuviel
Gewucher aus dir zweigt

Born im Vorspielgarten
Kein Tropfen aus dir quellt
In dir die Spinn' sich scharten
Von Zeitläuften entstellt

Born, gönn' mir keine letzte Ruh'
Im Nachthemd, aufgeknöpft
Für immer strafen sollest du
Der dürstend aus mir schöpft

Ziemen und Zeihen

Ziemt, und seinen Kummer
Ehrt die Kerbe nur
Stummklang spielt der Schlummer
Dem der Traum entfuhr

Zeiht, und seine Seele
Sinkt in tiefsten Grund
Stummklang weiht die Kehle
Fahl ist's um den Mund

Schweigt, und seine Leier
Steht ihm immer still
Stummklang schallt zur Feier
Lässt es, wie es will

Die Schattenschlinge

Als die hegende Mondnacht nicht jeden fand
Sich träumend in ihr zu erschöpfen
Erschien eine Schlinge, sie rief von der Wand
Sich, zur Stund' noch, in ihr aufzuknöpfen

Kein Blinzeln vertrieb sie, kein Streich mit der Hand
Ihr Ursprung war nicht zu entdecken
Kein Licht, keine Kerz' in der Stube, kein Brand
Nur Dunkel, um sich zu verstecken

Die Schlinge, sie hing, kein Körnchen aus Sand
Mit dem sie hinabrieseln wollte
Als Schatten sacht wog sie, im windstillen Land
Dem der Schiffer entfliehen sollte

Als die kenternde Nacht die Sterne entband
Stach Licht in ein müdes Gesicht
Wo die Schlinge gewesen, in Worten nun stand
Woran der Schiffer einst brach und bricht

Die Schattenschlinge, aus der sich entwand
Nur der, der schon in ihr gehangen
Und so liegt seit jeher am Sinnenrand
Auch sie, die längst gegangen

Hafenkneipe, frühe Stunde

Vom Tresen kracht ein Glas, es bricht
In Stück' und Stück', in Stücke
Das jemand jäh aus Fingern rann
Als der 'ne Lebensbahn ersann
Ein Stück, gespielt wird nicht

Vom Hocker rutscht 'ne Seel', die bricht
In Stück' und Stück', in Stücke
Des Stückend' Stunde pocht und schlägt
Als der ein garstig' Lied vorträgt
Ein Stück, gespielt wird nicht

Vom Licht entfacht sein Aug', es bricht
In Stück' und Stück', in Stücke
Das zittert ziellos, netzt und bangt
Im Nebelraum, es stiert und schwankt
Ein Stück, gespielt wird nicht

Im Meer, nah'bei, die Well', sie bricht
In Stück' und Stück', in Stücke
Man hört sie nicht, die Frau im Boot
Die sich abstößt und kreischt in Not
Gespiel', gestückt wird nicht

Klabautermann

Klabautermann, die Kraft ist groß
Das Segel aufzurichten
Klabautermann, ich zieh' nun los
Den Meergott abzurichten

Klabautermann, ich trag' so schwer
An meiner fetten Reuse
Klabautermann, das Fass ist leer
Die Dämm'rung wird zur Schleuse

Klabautermann, ich gleite blind
Auf trügerischen Wellen
Klabautermann, die Weiten sind
Des Meeressklaven Zellen

Der Fisch

Der Fisch, er zappelt längst nicht mehr
Auf stummgeword'ner Diele
Schon Stunden ist sein Schlagen her
Sein Kampf ums erste Ziele

Der Fisch, er liegt im fahlen Gang
Auf schwarzgefärbter Diele
Schon Stunden hört man nah Gesang
Triumphgeschrei im Spiele

Der Fisch, zur Schaufel findet er
Im kühlen Sonnemorgen
Da klagt ein Wer: Ich kehr' und kehr'
Um Unrat zu entsorgen

Wenn der Turm noch nicht feuert

Wenn der Turm noch nicht feuert
Dann finden sie sich
Am Turm und erröten zu Küssen
Wenn der Turm noch nicht feuert
Dann schenken sie sich
Sei's im Schein oder in Wolkengüssen

Wenn der Turm noch nicht feuert
Dann streifen sie ab
Zwei Ringe von reuenden Fingern
Wenn der Turm noch nicht feuert
Dann seh'n sie hinab
Beim brennenden Näheschlingern

Wenn der Turm schießt und feuert
Sein Licht scharf aufs Meer
Wird's geschieden in Teile
Für eine nachtfinst're Weile
Doch eint, unvermeidlich
Im Dämmern Begehr

Abdrift

Ankerschnitzen, Dämmeritzen
Mit deinen Zehen, bloß
Meersalzschwitzen, Leiblossitzen
Auf einem Sandrohrfloß

So treibst du Seebärgarn entlang
An überraschten Zeilen
Das, was dir plötzlich wird zum Fang
Lässt sich, weiß Gott, nicht teilen

Die Kladde wird zum Abendmahl
Das ich im Kessel brate
Ein Jünger sein, zwei an der Zahl
Gemeinschaft, adäquate

Schenkel und Mulden

Silbensperre, Wortwehr – bloß Stille
Spiegle dich, endlich, so glänze doch, Wille
Im Fluchtziel von Blicken, die fest und weich
Uns schweigend auffordern zum Lippenstreich

Im Lakenwurf netzend und strömend und sinnend
Flutend und ballend und scheidend und rinnend
Im Tuchbach, Stoffschaum, Faltenreich

Kitzelkuppen, Schlagspiel – kurz Starre
Befreie dich, endlich, entfern' mich, erharre
Nicht dich, nicht mich, nicht nichts zugleich

Dann tastend ein Weilen an sehnenden Zeilen
An Ängsten und Mulden, an Schulden, zu heilen
Rühmendes, ruhendes Schenkelfleisch

Schwaden aus Rauch

Scheit um Scheit, wirf ein, heiz nach!
– In Ohnmachtshitze fieberst du
Ihr weit'res Holz entgegen, Mann
Lässt keinem Rauchgeist Höllenruh'
Lässt hitzig kein Erlöschen zu
Dein Wort entfacht verwegen
– Da flammt es, flammt es: Irgendwann

Satz um Satz, wirf nach, heiz ein!
– In Ohnmacht kritzelt wer
Ihr weit'res Glühen entgegen, Mann
Lässt Silben knistern, schwadenschwer
Lässt Verse feuern, Brandbegehr
Dein Wort verfliegt – ein Regen
– Da glimmt es, glimmt es: Nirgenddann

Der letzte Wunsch

Ein Wort, das trägt, dass hier wer liebt
Als ob's bedeuten würde Glück
Zerschellt, zerschellt, zerschellt – hörst du's?
An einer Scheibe schmeißt's den Schmus
Am Glas, das es nie gab, nicht gibt
Nichts ist als Geistes Spiegelstück

Zerspellt, zerspellt, zerspellt – lauschst du?
Im Seelenleib, dort gibt's kein Ruh'
Im Schädelkörper, Schall – zurück!
In dem nur alles – weiß Gott – steht:
Vergehet, Sinn und Alphabet!
Ein Laut, bedeute nichts – sei Glück

Veröffentlichungsverzeichnis

ERSTVERÖFFENTLICHUNGEN
  „Jungfernheide"
  „Liedchen auf Bruchlippen"
  „Schwaden aus Rauch"
  „Der letzte Wunsch"

Aus: Widdau, Christoph Sebastian: WO SICH DAS WASSER STAUT. BoD, Norderstedt 2023
  „Den Leib zu beruhigen ein Tupfen"
  „Herostratik"
  „Wo sich das Wasser staut"
  „Birnen und Früchte"

Aus: Widdau, Christoph Sebastian: WUNSCHSOLD. BoD, Norderstedt 2023
  „Ziemen und kleinern"
  „Allee, beschirme mich"
  „Ein offenes Buch"
  „Winterwanderung"
  „Am Fluss knietest du nieder"
  „Mischwald"
  „Nut und Feder"

Aus: Widdau, Christoph Sebastian: DAS ELEND DES SCHUSTERS. BoD, Norderstedt 2023
  „Das Elend des Schusters"
  „Armer schwarzer Kater"
  „Blütenschlag"
  „Die Schippen"
  „Der Dom, erstickt im Nebel"
  „Zur Mühle, Pflaume, Birne"

Aus: Widdau, Christoph Sebastian: DIE MANGEL. BoD,
Norderstedt 2023
    „Die Mangel“
    „Gelöst“
    „In der Empfangshalle einer Absteige“
    „Der Kuss hebt auf im Augenschluss“
    „Offenbarung“
    „Soldbuch zugleich Personalausweis“

Aus: Widdau, Christoph Sebastian: FIRNIS. BoD,
Norderstedt 2023
    „Firnis“
    „Brachland“
    „Unhintergehbares“
    „Vom Altar aus, greinend“
    „Blickwechsel in der Wandelhalle“

Aus: Widdau, Christoph Sebastian: NIAGARA. BoD,
Norderstedt 2023
    „Torfstichmärchen“
    „Staubacker“
    „Die Prüfung“
    „Mit geborgtem Wort“
    „Niagara“
    „Mein Niklas“

Aus: Widdau, Christoph Sebastian: AN DER SCHNEISE,
LIEBES. BoD, Norderstedt 2023
    „An der Schneise, Liebes“
    „Nyx“
    „Kellertreppenstufen“
    „Mein Katzenfratz“
    „Der Feldweg“

„Die Liste"
„Leuchtfeuerwärter"
„Hinter dem Paravent"
„Kunststück, Sensenmann"

Aus: Widdau, Christoph Sebastian: LAUB, LÄSION UND
LICHT. BoD, Norderstedt 2023
 „Scheiding"
 „Feldfruchtsehnen"
 „Laub, Läsion und Licht"
 „Feuerfang"
 „Schicksal"
 „Bastelstunde"
 „Ochsenblut und Ocker"
 „Die Überführung"
 „Hornung"

Aus: Widdau, Christoph Sebastian: AM NONNENDAMM.
BoD, Norderstedt 2023
 „Kiefernwäldchen"
 „Am Nonnendamm"
 „Geliebtes Dünenspiel"
 „Im Abenteuer"
 „Taubentreu"
 „Endstück"
 „Inschrift"

Aus: Widdau, Christoph Sebastian: FREVEL UND ANDACHT.
BoD, Norderstedt 2023
 „Frevel und Andacht"
 „Zum Klang der Violine"
 „La Vérité sortant du puits"
 „Selbstportrait"

„Begehr der Muse"
„Die Wanderin"
„Gezweiggewirr"

Aus: Widdau, Christoph Sebastian: ZIEMEN UND ZEIHEN.
BoD, Norderstedt 2023
  „Mein Lieb, Nachtmahr"
  „Rosenköpfen"
  „Der Karren"
  „Dein Haar durchbricht Gezweig"
  „Dorfweise"
  „Durch meine Finger"
  „Der Born"
  „Ziemen und Zeihen"

Aus: Widdau, Christoph Sebastian: FLUT UND NEBEL.
BoD, Norderstedt 2023
  „Die Schattenschlinge"
  „Hafenkneipe, frühe Stunde"
  „Klabautermann"
  „Der Fisch"
  „Wenn der Turm noch nicht feuert"
  „Abdrift"
  „Schenkel und Mulden"